Aurelia Louise Jones

Gebete zu den

sieben heiligen Flammen

R. Lippert-Verlag

Übersetzung: Susanne Supper
Überarbeitung: Renate Lippert
Titelbild: Rudolf Lippert
Gestaltung: Renate und Rudolf Lippert

Deutsche Erstausgabe Dezember 2008
    © COPYRIGHT
    by R. Lippert Verlag, Hartgass 9, D-88639 Wald.
    Tel.: 07578-2229, Fax: 07578-933194
    www.lippert-verlag.de
    e-mail: service@lippert-verlag.de
In Deutschland gedruckt
ISBN 978-3-933470-13-3

Inhalt

Gebete und Anrufungen des zweiten Strahls
Die goldgelbe Flamme der Erleuchtung

Gebete und Anrufungen des dritten Strahls
Die kristall-rosafarbene Flamme der kosmischen Liebe

Gebete und Anrufungen des vierten Strahls
Die strahlend-weiße Aufstiegsflamme

Gebete und Anrufungen des fünften Strahls
Die smaragdgrüne Flamme der Heilung

Gebete um Versorgung und Fülle
(Eine Aktivität des fünften Strahls)

Gebete und Anrufungen des sechsten Strahls
Die gold-orangefarbene Flamme der Auferstehung

Gebete und Anrufungen des siebten Strahls
Die königliche Violette Flamme der Transformation

Widmung

Ehrfurchtsvoll widme ich dieses Gebetsbuch Vater/Mutter-Gott, den Meistern der Großen Weißen Bruderschaft, den Meistern der Weisheit, welche die Spirituelle Hierarchie des Planeten repräsentieren und unseren lemurischen Brüdern und Schwestern von Telos, Adama und Ahnahmar. Euch allen, die ihr der Entwicklung dieser Menschheit schon so lange mit sehr viel Liebe, Hingabe und Geduld dient, bringe ich meine tiefste Dankbarkeit zum Ausdruck. Hierin eingeschlossen sind auch die Vielzahl der Engel und geistigen Führer, die uns lieben und uns tagtäglich beschützen.

Ich schließe in diese Widmung auch unserer geliebte Mutter Erde mit ein, die uns voll Liebe und Geduld Entwicklungsmöglichkeiten gegeben hat und uns alle stets bedingungslos geliebt und versorgt hat, trotz des Missbrauchs ihres wertvollen Körpers, der ihr durch die Menschheit zugefügt wurde.

Dieses Gebetsbuch ist ein Geschenk aus meinem Herzen für euch alle, meine Brüder und Schwestern der Erde, in dieser Zeit des großen spirituellen Erwachens und des nun stattfindenden Übergangs der Erde. Diese inspirierenden Gebete erleichtern die notwendige Hingabe, um euch stärker mit eurer göttlichen Essenz zu verbinden, mit der ICH BIN - Gegenwart eures Seins, eurer wahren Identität in Gott. Ihr könnt diese Liebe, die ihr seid, immer in den unendlichen Kammern eurer Herzen finden und euch mit ihr verbinden. Sie wartet stets darauf, eingeladen zu werden, um für euch ein Leben der Liebe, der Wunder, des ewigen Friedens, der Fülle und der Freiheit zu erschaffen.

Wie man dieses Gebetsbuch nutzt

Ich möchte euch vorschlagen, dieses Gebetsbuch so zu nutzen, wie es sich für euch persönlich richtig anfühlt. Es gibt keine richtige oder falsche Handhabung. Folgt einfach den Eingebungen eures Herzens und eurer Seele.

Erlaubt mir, mit dieser Information denjenigen unter euch einige praktische Vorschläge zu geben, die sich fragen, wie viel Zeit man jeden Tag damit verbringen und wie viele Gebete man jeden Tag sprechen sollte, um einen Unterschied für sich selbst und für die Welt zu bewirken. Die effektivste Weise, euch bei diesen Gebeten einzubringen besteht darin, *sie absichtsvoll und mit einem liebenden Herzen* zu sprechen. Um einen maximalen Effekt zu erzielen, sollte jedes Gebet laut gesprochen werden.

Sprecht zuerst jedes Gebet ein Mal langsam und nehmt euch Zeit, wahrhaft die Lichtenergie zu fühlen, die ihr gerade im Herzzentrum angerufen habt. Fühlt jedes Wort wie eine Perle aus Licht und die Reaktion, die es in euch bewirkt. Wenn ihr dies spürt, habt ihr vielleicht den Wunsch, jedes Gebet drei Mal oder sogar noch öfter zu wiederholen. Jedes Mal, wenn ihr ein Gebet auf die von mir beschriebene Weise wiederholt, erzeugt ihr einen Impuls, indem ihr dem Licht, das ihr anruft, ermöglicht, sich in einem größeren Maße auszudehnen, damit es euch und die Menschen, für die ihr betet, segnet. Manche Gebetsabschnitte sollten etwas schneller gesprochen werden, um für einen größeren Impuls mehr Energie zu erzeugen. Tut dies nur, wenn ihr dazu bereit seid.

Die wirkungsvollsten Gebete sind jene, die tief im Herzzentrum empfunden werden. Das Gebet wird dann zu einer Meditation und der Prozess geschieht in der Einheit und bringt euch in Kontakt mit der Quelle eures Seins. Ihr könnt am Tag so viele Gebete sprechen wie ihr möchtet. Gebete, die zu schnell und monoton gesprochen werden, sind nicht effektiv und bewirken, wenn überhaupt, nur ein geringes Maß an Transformation.

Sprecht die Gebete in jeder euch angenehm erscheinenden Reihenfolge. Ihr könnt jeden Tag eine Sektion beten oder euch eine Woche lang oder länger auf eine Sektion konzentrieren, bis ihr fühlt, dass ihr die Energien integriert habt und der Heilungsprozess begonnen hat. Oder es ist euch lieber, täglich Gebete aus jeder Sektion zu sprechen. Je mehr reine göttliche Liebe ihr in eurer Gefühlswelt erzeugt, umso eher werdet ihr euch eurer eigenen Transformation und der Transformation der Welt um euch herum bewusst.

Alles im Universum ist aus Licht erschaffen. Gebete, Affirmationen und Dekrete sind Werkzeuge, um das Licht anzurufen. Wir kamen aus dem Licht und es ist unser

Schicksal, zum Licht zurückzukehren. Wenn ihr aufsteigen und in den Reichen des Lichtes und der Liebe leben möchtet, ist es wichtig, dass ihr euch jeden Tag um die Erhöhung eures *Lichtquotienten* bemüht, indem ihr genau das Licht anruft, zu dem ihr werden möchtet. Diese Gebete sind ein Geschenk für euch aus meinem Herzen.

Tatsächlich gibt es in diesen Tagen der beschleunigten Vorbereitungen für den Aufstieg der Erde nichts Wichtigeres zu tun, als euch selbst darauf vorzubereiten, die Energien eurer kosmischen Zukunft zu erfassen und nach und nach zu integrieren.

In den vor euch liegenden Jahren wird es keine Möglichkeit geben, dem auszuweichen und auf dem Planeten zu bleiben.

Ich sende euch meine Liebe und meine Dankbarkeit, denn wir sind eins. Wir unternehmen nun die Reise des Aufstiegs gemeinsam mit dem Planeten und erschaffen das größte Abenteuer all unserer gesamten Lebenszeiten. Gute Reise, meine Brüder und Schwestern. Ich wünsche euch all den Segen, der euch erwartet!

Hingebungsvolle Gebete für das Selbst und zur Transformation der Welt

Die Große Invokation

Aus dem Quell des Lichts im Denken Gottes
ströme Licht herab ins Menschendenken.
Es werde Licht auf Erden!
Aus dem Liebesquell im Herzen Gottes
ströme Liebe aus in alle Menschenherzen.
Möge Christus wiederkommen auf Erden!

Aus dem Zentrum, das den Willen Gottes kennt,
lenke plan-beseelte Kraft die kleinen Menschenwillen
zu dem Endziel, dem die Meister wissend dienen!

Durch das Zentrum, das wir Menschheit nennen,
entfalte sich der Plan der Liebe und des Lichtes
und siegle zu die Tür zum Übel.

Mögen Licht und Liebe und Kraft
den Plan auf Erden wieder herstellen!

Invokation an das Licht

Ich lebe im Licht und ich liebe im Licht.

Ich lache im Licht.

ICH BIN getragen und genährt durch das Licht.

Ich diene voll Freude dem Licht,

denn ICH BIN Licht, ICH BIN Licht, ICH BIN Licht.

ICH BIN das ICH BIN in allem, was ich tue!

Segnung der Speisen

Geliebter Vater/Mutter-Gott, geliebte ICH BIN - Gegenwart, ich danke euch für diese Speisen, die ich zur Ernährung meines Körpers erhalten habe. Ich bitte darum, dass diese Speisen gesegnet werden durch euer Licht und gereinigt werden von allen unreinen Substanzen, die nicht im Einklang sind mit meinem höchsten physischen Potenzial.

Ich bitte darum, dass diese Speisen zurückgeführt werden in die ursprüngliche Reinheit der Energie, die ihnen zu Eigen war, als sie zu Beginn aus der Großen Zentralsonne kamen. Ladet diese Speisen auf mit Liebe, ladet sie auf mit dem heilenden Licht, ladet sie auf mit der Violetten Flamme der Transformation und all den notwendigen Komponenten, damit mein Körper in perfekter und strahlender Gesundheit bleibe. Ich segne und danke dem elementalen Leben, das diese Speisen manifestierte im Dienst an der Menschheit. Und so sei es, geliebtes ICH BIN!

Tägliches Gebet für jene, welche die Erde heute verlassen

Geraldine Innocenti (aufgestiegen)

Geliebte Gegenwart Gottes ICH BIN in den Herzen der Menschheit, geliebter Erzengel Michael, die Erzengel der Erlösung und eure Legionen der Engel der blauen Flamme der göttlichen Liebe! Ich spreche dieses Gebet im Namen der Menschheit der Erde und insbesondere für jene, die heute aus ihrer sterblichen Hülle abberufen werden.

Mögen die Engel des Friedens bei den physischen Körpern jener Seelen stehen und die Energien der Liebe und des Friedens aufrechterhalten in den Emotionalkörpern derjenigen, die gehen und bei deren Lieben, überall auf Erden, wo solch eine Befreiung stattfindet. Lasst völligen Frieden herrschen! Lasst die Aura der Heiligkeit verweilen in dieser feierlichen Stunde des Übergangs, damit die Seele leicht von ihrem irdischen Umstand befreit werden kann und keine Trauer, keine Angst oder Sorgen sie an der Schwelle zur neuen Freiheit beunruhigen. Mögen die Engel der Erlösung jede Seele treffen! Lasst nicht zu, dass ein Lebensstrom, der zu unserer Entwicklung gehört, den Schleier des so genannten Todes „unbegleitet" passiert.

Geleitet jeden Einzelnen schnell zu den Tempeln der Gnade und Vergebung, auf dass sie von den reinigenden Flammen von Saint Germains Violetter Flamme und Kwan Yins Gnadenflamme durchdrungen werden.

Lasst sie vorbereitet sein, die Hallen der Herren des Karma in Würde und in bewusstem Gewahrsein zu betreten. Ordnet sie jeweils einem Klassenraum der Meister zu und lasst sie voller Freude das Studium des Gesetzes ihres eigenen Lebens beginnen. Mögen die Herren der Gnade und der Liebe all jene einhüllen, deren Lieben gerade im Begriff sind, diese Erde zu verlassen und all jene, deren Lieben gerade gegangen sind. Lasst alle selbstsüchtige Trauer und alle Sorgen dahin schmelzen und füllt all ihre Herzen und Heime mit Fröhlichkeit und Dankbarkeit für die Gelegenheit, die den Geliebten zuteil wurde, die neue Freiheit und das Vorwärtskommen auf der Reise des Lebens zu erfahren! So sei es!

Gebet an Mutter Erde

Autor unbekannt

Oh Mutter, meine Tränen fallen auf dein Antlitz.
Es wurde mir bewusst,
wir, die Lichtarbeiter, sind zurückgekehrt,
um unser Netz der Liebe um dich herum zu legen.

Von fernen Sternen und Galaxien,
von vergangenen, jetzigen und zukünftigen Leben
kommen wir, um deine Heilung zu begleiten.
Wir, die Lichtarbeiter, eine Seele wie die andere,
berühren die Herzen vieler, jeden Tag.

Mit jedem Wiedererkennen lachen wir,
lächeln wir und weinen wir.
Unsere Liebe ist überströmend, fließend und schimmernd.
Wir, die Lichtarbeiter, vermehren in tiefer Freude
still die bedingungslose Liebe.

Dreh dich für immer so behutsam, während du dich wärmst,
denn wir, die Lichtarbeiter, sind zurück
von Äonen der Zeit in der Vergangenheit und in der Zukunft.
Mögen Liebe, Lachen und Freudentränen
nun und für alle Zeiten über dein Antlitz strömen.
(Danke an die anonyme Person, die dieses Gebet schrieb).

Gebete und Anrufungen des ersten Strahls
Die königsblaue Flamme des göttlichen Willens

Gebet des göttlichen Willens

Im Namen meiner göttlichen Gegenwart „ICH BIN", rufe ich den geliebten Meister El Morya, Erzengel Michael und alle Aufgestiegenen Meister und Engel der Liebe der blauen Flamme des göttlichen Willens, mich täglich und stündlich zu geleiten und zu beschützen. Erzengel Michael, komm in mein Leben. Hilf mir, mit deinem Schwert der blauen Flamme, alle Dichte zu überwinden. Durchtrenne die Bande und befreie mich von aller Negativität und allen Fehlern der Vergangenheit. Ich bitte darum, dass eine blaue Säule göttlicher Liebe über meinem Sein errichtet wird, über meinem Heim, meiner Familie, meiner Arbeit und all meinen Angelegenheiten. Ich bitte um die Führung, die ich brauche, um Gottes Willen in allen Aspekten meines Lebens zu manifestieren, damit ich meinen göttlichen Zweck hier auf Erden erfülle und meinen Aufstieg in das Licht erlangen kann. Ich verfüge, dass sich Gottes Willen überall auf Erden so manifestiere, wie in den Reichen des Lichtes und der Freiheit. Ich danke dafür, dass meiner Bitte gemäß dem heiligen Willen Gottes entsprochen wird. Und so sei es, geliebtes ICH BIN! *(Ihr könnt jedes Gebet mehr als ein Mal wiederholen. Drei Mal ist gut).*

Gebet der Hingabe

Von Meister El Morya

Geliebter Vater/Mutter-Gott, in deine Hände befehle ich mein Sein. Nimm meine Liebe, meine Gedanken und mein Leben in selbstlosem Dienst an dir. Befreie mich von allem, was mich von der Erfüllung meines heiligen Zwecks und dem Aufstieg fernhält. Lehre mich, freundlich zu sein wie die Bruderschaft des Lichtes. Leite und bilde meinen Lebensstrom so, dass täglich und stündlich meine wahre Identität in Gott zu meiner Realität wird.

Geliebte göttliche Gegenwart ICH BIN,
ewiger Vater/Mutter-Gott,
möge meine mit dir getroffene Vereinbarung
zur vollkommenen Erfüllung gelangen!
Möge ich mein Leben leben, um deine Liebe zu fühlen
und dein Licht zu sehen!
Möge dein Wille geschehen auf Erden so wie im Himmel!
In deine Hände gebe ich mein Sein, damit Gott durch mich
in allen Dingen verherrlicht werde! Und so sei es, geliebtes
ICH BIN.
(Wiederholt die letzten sechs Zeilen drei oder sechs Mal).

Gebet um ein Kraftfeld des Schutzes

Licht ist die kraftvollste Ausstrahlung aller Schöpfung. Es ist wichtig, die volle Kraft des göttlichen ersten Strahls um Schutz und den göttlichen Willen anzurufen.

Im Namen meiner geliebten ICH BIN - Gegenwart, aus dem tiefsten Herzen Gottes erbitte ich eine unüberwindliche Lichtsäule des göttlichen ersten Strahls des Schutzes, die über mir errichtet wird. Möge sie jede Zelle, jedes Atom und jedes Elektron meines Seins umschließen und mich mit einem unüberwindbaren Kraftfeld von Gottes heiligem Willen umhüllen. Möge sich diese Lichtsäule königblauen Lichts in all meine Körper und Chakren ausdehnen.

Befreit mich von allem, was geringer ist als das höchste Licht in mir. Möge die blaue Flamme der göttlichen Liebe mein Kraftfeld beschützen, täglich und stündlich. Ich weiß, „ICH BIN" allzeit und überall vollkommen geschützt. Ich danke zutiefst für alle Unterstützung, die mir fortwährend zuteil wird. Amen.

Anrufung an Erzengel Michael

Im Namen meiner göttlichen Gegenwart "ICH BIN", rufe ich die blaue Flamme der göttlichen Liebe von Erzengel Michael, um meinen Weg von allen Störungen zu klären, meinen göttlichen Plan zu erfüllen, meinen Glauben zu stärken und mir zum Aufstieg zu verhelfen. Durchströme meine Seele mit den Energien des göttlichen Willens und der Hingabe an meine heiligen Gelübde.

Ich bitte darum, dass an jedem Tag ein goldener Schutzdom um mich herum errichtet wird, der jegliche gegen mich und gegen das Licht, wofür ich stehe, gerichtete negative Energie abwehrt. Ich bitte deine Legionen der Engel der blauen Flamme an meiner Seite zu stehen. Durch die Kraft deines Schwertes der blauen Flamme, durchtrenne die Bande und befreie mich von allen disharmonischen Energien in meinem Leben, meinem Heim, meiner Arbeit und der Stadt, in der ich lebe.

Ich danke dir für deine unendliche Liebe und deinen fortwährenden Dienst an der Menschheit und der Erde und für deine liebevolle Unterstützung auf meinem eigenen einzigartigen Weg. Hilf mir, Glaube und Vertrauen in mich und in Gott zu entwickeln. Mögen leuchtend blaue Fontänen göttlicher Liebe, Reinigung und Transformation in mir und überall auf Erden wirken. Und so sei es, geliebtes ICH BIN!

Anrufung des Stromes der blauen Flamme der Liebe

Geliebte ICH BIN - Gegenwart, Licht meiner Seele, geliebter El Morya, geliebter Erzengel Michael und deine Legionen der Engel der blauen Flamme.

Durchströmt meine Seele und alles um mich herum mit einem Strom der blauen Flamme der Liebe. Erhaltet und dehnt diese Liebe grenzenlos aus durch die drei Mal dreifache Kraft. Möge euer Schutz die Herrschaft übernehmen über die Erde und über jeden Mann, jede Frau und jedes Kind auf diesem Planeten. Beschützt die Jugendlichen, die Älteren und die Unschuldigen. Verzehrt in mir und auf der Erde alles, was nicht den göttlichen Willen des Vaters darstellt. Mögen die Liebe, die Freiheit und das wahre Wissen des Göttlichen auf Erden wieder hergestellt werden, jetzt und immerdar.

ICH BIN das ICH BIN! Aus der göttlichen Liebe heraus weiß ich, dass ich die Kraft und die Autorität auf Erden bin, die verfügt, das Leben zu befreien und zur Einheit von allem zurückzukehren. Ich rufe die Kraft der blauen Flamme der Liebe an, das Neue Goldene Zeitalter der Erleuchtung und der wahren Bruderschaft auf Erden zu errichten.

Möge der Sieg des göttlichen Willens auf Erden herrschen! Möge die Flamme der kosmischen Liebe und Weisheit auf Erden herrschen! Und so sei es, geliebtes ICH BIN!

Dekret für die Erde und ihre Nationen

Durch die Macht und Autorität meiner göttlichen Gegenwart „ICH BIN" trete ich voll Demut vor den Thron der Gnade, um für die physische Ebene der Erde die höchst mögliche Fügung und Aktivität des göttlichen Willens zu erbitten, die jemals in der Geschichte der Zeit manifestiert wurde.

Wir bitten die diesem Planeten dienenden Legionen des Lichtes, diese göttliche Essenz in jede Faser, in die Herzensflamme und in das Bewusstsein eines jeden Mannes, jeder Frau und jedes Kindes auf diesem Planeten einzubringen, insbesondere bei jenen Menschen, die in irgendeiner Art und Weise mit den Regierungen unseres Planeten verbunden sind.

Lasst die kosmische Flamme des göttlichen Willens durch jede sich hier entwickelnde Seele lodern und entfernt alle destruktiven Aktivitäten, die gegen ein Kind Gottes gerichtet sein mögen und gegen das Licht, wofür wir stehen. Versiegelt alle Regierungspositionen mit den Strahlen des göttlichen Willens. Möge die Flamme der Erleuchtung den göttlichen Zweck und Plan für jedes Amt und jedes Individuum enthüllen und jedem Menschen den spirituellen Mut geben, diesen Plan vollkommen zu erfüllen.

Möge der Wille Gottes sich manifestieren - in, durch und bei allen Regierungen der Erde jetzt und immerdar. Möge das ewig siegreiche Licht Gottes den Weg jeder sich auf diesem Planeten entwickelnden Seele erleuchten und leiten. Wir akzeptieren nun bewusst, dass sich dies in voller Kraft manifestiert, gemäß des göttlichen heiligen Willens und seiner Absichten. Und so sei es, geliebtes ICH BIN!

Gebete und Anrufungen des zweiten Strahls
Die goldgelbe Flamme der Erleuchtung

Gebet um Erleuchtung und Frieden

Geliebte ICH BIN - Gegenwart, möge aus den Herzen des geliebten Alpha und Omega, aus den Herzen der geliebten Helios und Vesta in jedes unserer Herzen und in all unseren Geist glorreiche Wogen der goldenen Flamme der Erleuchtung und des Friedens hineinströmen. Überflutet uns mit den wertvollen Ölen des universellen Wissens und der Weisheit. Kommt nun und lenkt eure edlen Lichtstrahlen der göttlichen Erleuchtung und des Friedens in jeden Aspekt unseres Lebens. Überflutet die Erde und die Menschheit mit der goldenen Flamme der Christus-Erleuchtung, des Verständnisses und des Friedens aus dem Herzen Gottes in der Großen Zentralsonne.

Göttliche Flamme der Erleuchtung,
segne heute mein Leben.
Goldene Wogen des Friedens,
segnet mein Leben auf Gottes vollkommene Weise.
Flamme des Lichtes, so wunderbar anzuschauen,
ICH BIN deine Weisheit in allem was ICH BIN.
Goldene Fontäne der Erleuchtung,

durchströme jeden Teil meines Wesens
mit deinem goldenen Öl.
ICH BIN, ICH BIN, ICH BIN Erleuchtung,
die durch mein Herz,
meinen Geist und meine Seele lodert.
(Wiederholt die letzten zehn Zeilen drei, sechs oder neun Mal).

Anrufung der Erleuchtungsflamme

Flamme der Erleuchtung aus dem Herzen Gottes,
lasse beständig dein Licht durch mich strömen.
Goldene Flamme aus dem Herzen Gottes,
erfülle mein Herz mit deinem Strahl der Weisheit.
Flamme der Erleuchtung aus dem Herzen Gottes,
dehne Gottes Geist aus in all meine Gedanken.
Goldene Flamme aus dem Herzen Gottes,
erleuchte die Erde mit deinem goldenen Licht.
Goldene Flamme aus dem Herzen Gottes,
vor deiner Liebe und deinem Licht verneige ich mich!
(Wiederholt dies drei Mal).

Invokation der Sonne

Vater/Mutter Licht unseres Sonnensystems

Helios und Vesta! Helios und Vesta! Helios und Vesta!
Lasst euer goldenes Licht in jeden Teil von mir einströmen!
Lasst euer goldenes Licht sich in meinem
heiligen Herzen ausbreiten!
Lasst euer goldenes Licht
sich auf der ganzen Erde verbreiten!
Lasst die Erde aufsteigen in ihre glorreiche Bestimmung!
Und lasst mich zu meinem glorreichen Aufstieg gelangen.
(Wiederholt dies drei, sechs oder neun Mal).

Gebet um Erleuchtung

Geliebte ICH BIN - Gegenwart, Licht meiner Seele, ich bitte um die vollständige Kraft des heiligen Feuers der Tempel der Erleuchtung für die Freisetzung der Erleuchtungsflamme in meinem gesamten Bewusstsein, meinem gesamten Sein und in der Welt. Ich bitte darum, dass die Erleuchtungsflamme alles durchströmt und transformiert, was die Manifestation der Liebe, der Weisheit und der Kraft aufhält, innerhalb und außerhalb meines Lebensstroms und meines Aufstiegs in das Licht.

Ich bitte die Meister des Lichtes, die Erinnerung an meine wahre Identität und an die Blaupause meines göttlichen Planes wiederzubeleben. Im Namen der Erleuchtungsflamme, ich bitte um die Wiederherstellung meines vollkommenen Christusbewusstseins, so wie es von Gott angeordnet war zu Beginn meines Abstiegs in die manifeste Form.

Ich bitte die Erleuchtungsflamme herabzukommen und göttliche Weisheit in jede Zelle meines Seins, in mein Kronenchakra und in all meine anderen Chakren zu strömen. Ich bitte die Erleuchtungsflamme, mich wieder mit dem ewig gegenwärtigen reinen Wissen des universellen Geistes Gottes zu verbinden.

Durchströmt die Erde täglich jeden Augenblick mit der Erleuchtungsflamme, um der Menschheit ihren Weg zurück nach Hause zu weisen. Wunderbare und edle goldene Flamme, bewirke durch dein Licht das Ende der Trennung im Bewusstsein der Menschen, damit Gottes heilige Ziele manifestiert werden mögen und ein Goldenes Zeitalter der Liebe und der Erleuchtung wiederkehre. Und so sei es, geliebtes ICH BIN!

Anrufung der goldenen Erleuchtungsflamme

Glorreiche goldene Erleuchtungsflamme aus dem Herzen Gottes in der Großen Zentralsonne, ich rufe die Gegenwart des geliebten Lord Lanto, Meister Kuthumi und der Bruderschaft der Goldenen Robe und Gott und Göttin Meru in mein Herz, meinen Geist und meine Seele. Ich bitte euch, mein Sein mit den wertvollen Ölen der Erleuchtung zu überfluten, die über mich in grenzenloser Strahlung ausgegossen werden, um alles, was weniger als göttliche Perfektion in meinem Bewusstsein ist, zu transformieren.

Oh Flamme des Lichtes, so hell und so strahlend.
Oh Flamme von Gott, so wunderbar anzuschauen.
Nie versiegende Quellen der Weisheit und Liebe.
Bring mich zurück nach Haus zum Herzen der Sonne!
Komm nun mit der Fülle deiner Kraft,
nimm meine Hand und führe mich auf meinem Weg,
öffne meine Augen und zeige mir die Visionen,
erfülle mein Leben mit deinen Wundern.
Durchströme mich mit der Erleuchtungsflamme!
(Drei Mal wiederholen).

Daher wähle ich, mit Gott durch die Feuer der Liebe aus meinem Herzen zu gehen. Ich erkläre, dass ich dieser manifestierte Gott bin. Ich öffne mich, um einen mächtigen, durch mich hindurch fließenden Strom strahlenden goldenen Lichtes der Erleuchtung zu empfangen. Ich erkläre, dass ich dieser Fluss des Lichtes bin, Ich bin dieser Fluss des goldenen Friedens und ich bin dieser Fluss der Erleuchtung. Und so sei es, geliebtes ICH BIN!

Gebete und Anrufungen des dritten Strahls
Die kristallrosafarbene Flamme der kosmischen Liebe
Ich öffne mein Herz für Ihn

Meine geliebte siegreiche ICH BIN Gegenwart,
Licht meiner Seele!
Mein geliebtes heiliges Christus-Selbst,
Weisheit meiner Seele!
Geliebter Vater/Mutter-Gott aus der Großen Zentralsonne.
Geliebte Meister der Großen Weißen Bruderschaft.
Ihr sieben mächtigen Erzengel und sieben Elohim Gottes.
Geliebte Virgo, unsere teure Mutter Erde.

Ich bin bereit, mit der Liebe Gottes angefüllt zu werden,
ich öffne euch mein Herz.
Ich sehne mich nach der Gnade aus dem Herzen Gottes,
ich öffne euch mein Herz.
Ich hoffe darauf, göttliche Liebe zu werden,
ich öffne euch mein Herz.
Ich ergieße nun meine Liebe und Hingabe an euch
und bitte darum, meine ewige kosmische Freiheit
wieder zu erlangen.
Ich bin nun erneuert durch eure Umarmung und
fühle den Frieden eurer ewigen Flamme der Liebe!

(Wiederholt dies drei, sechs oder neun Mal).

Anbetung deiner göttlichen Gegenwart

Geliebte große Gegenwart, ICH BIN,
dein Leben, das in meinem Herzen schlägt,
leuchte nun mit deinen strahlenden Liebesstrahlen,
lass mich ein Anker der Liebe für alle sein.
Durchströme mich mit deiner Glorie und
lasse mein Herz allzeit mit dir sein.
Meine geliebte göttliche Gegenwart, ICH BIN,
ich rufe dein großes Strahlen an,
durchströme meinen Geist und mein Herz mit deiner Liebe.
Dehne mein Bewusstsein aus und erhöhe es
auf die Lichtoktave der Aufgestiegenen Meister.
Mit all deiner Liebe, mit all deiner Liebe,
verschmelze mehr und mehr mit mir von Tag zu Tag,
bis ich zum manifestierten du werde.
ICH BIN, ICH BIN und ich bete dich an.
In tiefer Dankbarkeit entbiete ich dir meine Liebe,
liebe mich, liebe mich, liebe mich.
Geliebtes ICH BIN, geliebtes ICH BIN, geliebtes ICH BIN!
(Wiederholt dies drei Mal).

Gebet um göttliche Liebe

Im Namen meiner geliebten ICH BIN - Gegenwart,
rufe ich die Kraft der göttlichen Liebe,
damit sie jeden Tag zunehme
in meinem Herzen und in meinem Leben.
ICH BIN Liebe, freudige Liebe,
strahlende Liebe, bedingungslose Liebe!
Gott verzehrt meine Schatten
und verwandelt sie in Liebe!

Heute bin ich ein Fokus göttlicher Liebe,
die durch jede Zelle meines Seins fließt!
ICH BIN ein Lebensstrom reiner göttlicher Liebe,
die niemals wieder begrenzt werden kann durch Angst,
Wut, Hass, Abneigungen und Gier.
Alle negativen Gedanken und Gefühle
sind nun aufgelöst und verzehrt
durch die Kraft der göttlichen Liebe, die ICH BIN!
ICH BIN, ICH BIN, ICH BIN Liebe.
Ich lebe in dem Bewusstsein der Liebe!
ICH BIN Liebe in ihrem vollkommenen Ausdruck,
welche die gesamte Menschheit mit göttlicher Liebe segnet.
Ich strahle Liebe aus! ICH BIN Liebe in Tätigkeit
und segne, erhöhe und heile alles auf Erden!

Darbringung des gebrochenen Herzens

Geliebte göttliche Gegenwart, ICH BIN, mit Hingabe und Demut komme ich vor den Altar der Gnade, um mein gebrochenes Herz darzubringen. Heute lege ich meine Sorgen, meine Tränen, meine Ängste, meinen Kummer, meine Schmerzen, mein Leid, meine Einsamkeit auf den Altar der Liebe und ich weiß, dass nur durch das Eintauchen des Herzens in die Feuer der reinen göttlichen Liebe alle menschlichen Merkmale eines gebrochenen Herzens auf wunderbare Weise geheilt und transformiert werden können.

Ich weiß, dass mein Herz beruhigt wird, wenn ich mein gebrochenes Herz in völliger Hingabe und Akzeptanz darbringe. Ich weiß auch, dass meine Schmerzen und Sorgen meine Lehrer sind, ein reinigender Katalysator, der mir hilft, das göttliche Geschenk der Liebe zu vervollkommnen, das die Reiche des Lichtes für meine Seele weit öffnen wird.

Wie ich mir erlaube, den Schmerz mit Hingabe zu fühlen, erlaube ich mir auch, mich davon zu befreien, damit er zu einem wunderbaren Geschenk transformiert wird. Schönheit in all seiner himmlischen Vollkommenheit, Gesundheit in all seiner vollkommenen Herrlichkeit, Weisheit in seiner unbegrenzten Glorie sind die Geschenke, die unter jenen verteilt werden, die diese große Liebe besitzen.

Liebe Gottes, die Liebe, die alle Geschenke übertrifft, ich bete nun mit all meiner Herzensenergie, dass ich von dieser Christus-Liebe erfüllt sein möge. Ich lasse diese große Liebe in jedem Augenblick meines Lebens eine Melodie der Lobpreisung, der Dankbarkeit und der Danksagung aus meinem Herzen sein. Und so sei es, geliebtes ICH BIN!

Bekenntnis eines Jüngers

(Autor unbekannt)

Ich bin ein kleines Licht in einem größeren Licht.
Ich bin ein Tropfen Liebeskraft im Strom der Gottesliebe.
Ich bin ein Funken Opferglut im Feuerwillen Gottes.
Und so stehe ich.

Ich bin ein Weg, der Menschen weiterführen kann.
Ich bin ein Quell der Kraft, der ihnen Stand verleiht.
Ich bin ein Strahl des Lichts, das ihren Weg erhellt.
Und so stehe ich.
Und also stehend, wirkend,
helf' ich den Menschen auf dem Weg,
im Wissen um die Wege Gottes.
Und so stehe ich.

Ich strebe nach Verständnis.
Möge Weisheit in meinem Leben
den Platz von Wissen einnehmen.

Ich strebe nach Mitarbeit.
Möge der Meister meines Lebens, die Seele,
und gleicherweise der Eine, dem ich zu dienen suche,
andere durch mich erleuchten.
Im Zentrum des Willens Gottes stehe ich.

Nichts kann meinen Willen von seinem ablenken;
ich erfülle diesen Willen durch Liebe
und wende mich dem Dienen zu.
Ich, das göttliche Dreieck, drücke diesen Willen
in der Vierheit aus und diene meinen Mitmenschen.

Ich bin ein Bote des Lichts.
Ich bin ein Pilger auf dem Weg der Liebe.
Ich wandle nicht allein,
sondern bin mir dessen bewusst,
dass ich eins mit allen großen Seelen
und eins mit ihnen im Dienst bin.
Ihre Stärke ist die meinige.
Diese Stärke beanspruche ich.
Meine Stärke ist die ihrige
und ich stelle sie uneingeschränkt zur Verfügung.
Als Seele wande ich auf Erden.
Ich verkörpere den Einen.
Gib mir deine Hand und beschreite den Pfad mit mir.
Mögen Friede und Liebe vorherrschen auf Erden
jetzt und alle Zeit!

Ausdehnung der göttlichen Qualitäten

Geliebte Gegenwart Gottes, ICH BIN, in aller Demut bitte ich in meinem Sein um die Ausdehnung deiner Qualitäten der göttlichen Liebe, Weisheit, Kraft, Takt, Mitgefühl, Geduld, Diplomatie, Vergebung, Bruderschaft, ewigen Jugend, Schönheit, Perfektion, beständigen Freude, Selbstlosigkeit, Hingabe, Freiheit, Toleranz, Wissen und Selbstmeisterung.

Ich bitte um die Fähigkeit, all meine Mitmenschen als Teil meines Höheren Selbstes zu sehen, allen bei ihrem Erwachen zur wahren Identität in Gott zu helfen. Ich bitte darum, dass ich ihnen bei der Erfüllung ihres göttlichen Planes helfen darf. Ich bitte darum, dass ich meine eigenen Talente zu ihrem höchsten Potenzial entwickeln möge. Ich bitte darum, dass meine Emotional- und Mentalkörper harmonisiert, angehoben und gereinigt werden durch das Wirken der Violetten Flamme und durch die Aufstiegsflamme.

Ich bin bereit, ein Werkzeug Gottes zu sein, um all deine vielen Segnungen für alles Leben auf diesem Planeten zu überbringen, damit durch mich das Bewusstsein erhöht und Friede wieder hergestellt werde. Möge Gott erhöht werden in einer nie endenden Spirale aus Liebe und Dankbarkeit für die vielen Segnungen und Gelegenheiten zu wachsen, die dieses Leben auf Erden bietet. Ich nehme deine Liebe und Führung mit Dankbarkeit an. Ich bin nun hier auf Erden und manifestiere mein vollkommenes Potenzial in Gott. Und so sei es, geliebtes ICH BIN!

Gebete und Anrufungen des vierten Strahls
Die strahlend weiße Aufstiegsflamme

Gebet zur Selbstliebe und für den Aufstieg

Vor Gott, dem Herrn meines Seins, ICH BIN DAS ICH BIN, erkläre ich:
Ich empfinde Liebe für meinen Aufstiegsweg.

Ich habe Mitgefühl für jeden physischen und emotionalen Schmerz, den ich noch zu heilen habe.

Ich danke dafür, dass ich nun die Vergangenheit heile und das Neue entstehen lasse.

Als ein Meister des göttlichen Ausdrucks, der hier auf Erden wandelt, bringe ich nun das Licht meiner Göttlichkeit hervor.

Ich aktiviere und transformiere nun meine DNA zu ihrem 5-dimensionalen Potenzial.

Ich wähle nun, meinen physischen Körper vollkommen zu heilen und zu verjüngen.

Ich wähle, glücklich, harmonisch und dankbar zu bleiben.

Ich beanspruche meine Meisterschaft, um meine Freiheit zu manifestieren.

Ich erlaube meiner Göttlichkeit, sich auf eine ganz wundersame Art und Weise zu manifestieren.

Ich danke, dass dies alles gemäß Gottes heiligem Willen geschehe!

Ich bitte um Wellen des Aufstiegslichts, die mich täglich und stündlich durchströmen.

Und so sei es, geliebtes ICH BIN!

(Drei Mal wiederholen).

Aufstiegsaffirmationen

von Erzengel Gabriel

ICH BIN eine Quelle der Jugend und ewiger Reinheit.

ICH BIN die Vollkommenheit meines Christus-Sieges.

ICH BIN eins mit dem Herzen Gottes.

ICH BIN die Reinheit der Liebe.

ICH BIN die Reinheit der Auferstehungsflamme.

ICH BIN die Reinheit der Heilungsflamme.

ICH BIN die Reinheit der Aufstiegsflamme.

ICH BIN die Reinheit all meiner Wünsche.

ICH BIN die Reinheit all meiner Gedanken und Gefühle.

ICH BIN die Reinheit meiner Absichten.

ICH BIN die Reinheit all meiner Chakren.

ICH BIN die Reinheit der Liebe in physischer Form.

ICH BIN Gott in Tätigkeit, bei allem was ich tue.

ICH BIN die Erfüllung meines Aufstiegs ins Licht.

ICH beanspruche meine Freiheit und meinen Sieg im Licht JETZT!

(Jede Affirmation drei Mal wiederholen).

Gebet zum persönlichen Aufstieg

Im Namen meiner geliebten göttlichen Gegenwart „ICH BIN" bitte ich, die Einweihungen zu empfangen, die nötig sind, um mich für den Aufstieg zu qualifizieren. Ich bitte um eine große kosmische Welle der kosmischen Flamme der Reinheit, die aus meinem Geist, aus meinen Gedanken, aus meinen Gefühlen, aus meinem Körper und aus allen feinstofflichen Körpern jede Schwingung menschlicher Schöpfung entferne, die unrein ist und weniger als meine göttliche Vollkommenheit in Gott.

Möge die Flamme der Reinheit in meiner Welt
alle verbliebenen negativen Energien umwandeln!
Möge die Liebe des Christus sich in mir ausdehnen
durch die Kraft der Aufstiegsflamme!
Möge die Auferstehungsflamme die Erinnerungen erwecken
an meine göttliche Blaupause,
damit ich für immer frei sein kann von aller Zwietracht,
die ich jemals erschaffen habe!

Ich versichere, dass ICH Reinheit in Tätigkeit BIN.
ICH BIN Gottes Reinheit, erschaffen in Geist,
Körper und Seele.
Lasst mich auch bitten um Reinheit
für jeden Teil des Lebens auf Erden.

Lasst mich bitten um Reinheit für meine Familie,

meine Freunde und für die

gesamte Familie Gottes, alle Königreiche und für die Erde.

Und so sei es, geliebtes ICH BIN!

(Wiederholt die letzten beiden Strophen drei Mal).

Ich nehme nun das Geschenk meines Aufstiegs an!

Geliebter Himmlischer Vater/Mutter-Gott und meine eigene göttliche Gegenwart ICH BIN in mir und über mir, ich grüße euch und sende euch meine reinste göttliche Liebe und Dankbarkeit. Ich danke euch für das Geschenk des Lebens und bitte um das Geschenk meines Aufstiegs in die Reiche des Lichtes und der Liebe. Es ist mein Wunsch und meine Absicht, meinen göttlichen Plan auf Erden zu erfüllen und die Erde und meine Mitmenschen zu unterstützen, dies ebenso zu tun.

Ich bitte euch, meine Seele für den Aufstieg in diesem Leben vorzubereiten und mir alle Lektionen zu präsentieren, die ich lernen muss, um erfolgreich alle Ebenen der sieben heiligen Einweihungen zu bestehen, damit ich mich für den Aufstieg qualifiziere. Ich bitte darum, dass mir der Reinigungsprozess täglich gezeigt werde, der notwendig ist, damit dies geschehen kann. Ich bitte auch darum, dass meine Läuterung mit Liebe, Leichtigkeit, Gnade, Weisheit und Behutsamkeit vor sich gehe.

Voll tiefster Liebe, Demut und Hingabe richte ich nun diese Bitte an euch.

Voll tiefster Liebe, Demut, Dankbarkeit und Hingabe öffne ich mich, um das Geschenk meines Aufstiegs zu erhalten.

Voll tiefster Liebe, Demut, Dankbarkeit und Hingabe erkläre ich, dass ich, als Kind Gottes, würdig bin, meinen Aufstieg zu erlangen.

Voll tiefster Liebe, Demut, Dankbarkeit und Hingabe nehme ich meinen Aufstieg nun an und akzeptiere vollkommen meine Göttlichkeit.

Voll tiefster Liebe, Demut, Dankbarkeit und Hingabe nehme ich alle Geschenke an, die mir als einem vereinten Wesen gehören!

Ich danke für das Geschenk meines Aufstiegs in diesem Leben!

Und so sei es, geliebtes ICH BIN!

Gebet zur Transformation und für den Aufstieg

Meine geliebte ICH BIN - Gegenwart, ich anerkenne dich als Quelle meines Seins und meines Lebens. Ich bitte um den göttlichen Plan für mein Leben und meinen heiligen Zweck auf Erden, dass er sich nun manifestieren möge. Bitte lasse deine Liebe und dein Licht in mein Herz scheinen und in all meine Chakren, in meinen Geist, meine Gefühle und in meinen physischen Körper.

Ich bin gewillt und bereit, mehr von deinem Licht und deiner Gegenwart zu empfangen, damit ich mein Bewusstsein durch deine Christus-Liebe und deine Christus-Weisheit ausdrücken und ausdehnen möge. Ich bitte dich, meine Herzens- und Gefühlswelt zu überwachen, damit ich täglich und in allen Angelegenheiten meines Lebens die Weisheit und Führung erhalte, die mich schnell, mit Leichtigkeit und Gnade, durch die sieben Tempel des Einweihungsweges führt, damit ich das Geschenk meines Aufstiegs erhalte, sobald ich alle Anforderungen erfülle.

Fülle alle Bedingungen und Aktivitäten meines physischen Lebens an mit deinem heiligen Feuer, deiner Liebe und Reinheit, deiner Gnade, mit der göttlichen Perfektion und mit all den göttlichen Attributen der sieben heiligen Flammen. Enthülle mir deinen göttlichen Willen und befreie in mir den Strahl der Erleuchtung des göttlichen Geistes. Durchströme mich mit der heilenden Kraft deiner ewigen Gegenwart. Und so sei es, geliebtes ICH BIN!

Gebet um Reinheit

Im Namen meiner geliebten siegreichen göttlichen ICH BIN -
Gegenwart, ich beteuere, dass ICH deiner Reinheit würdig
BIN. Ich bitte um eine große kosmische Welle der
kosmischen Flamme der Reinheit, die aus meinem Geist, aus
meinen Gedanken, meinen Gefühlen, meinem Körper und
aus allen feinstofflichen Körpern jede Schwingung
menschlicher Schöpfung entferne, die unrein ist und weniger
als meine göttliche Vollkommenheit in Gott.

Ersetze sie alle durch die Vollkommenheit des
Christusgeistes. Manifestiere in mir die Kraft der
Wiederauferstehung und der Aufstiegsflamme, damit ich,
durch die Kraft des Strahles der Reinheit, frei sein möge von
aller Zwietracht, die ich jemals erschaffen habe und von aller
Zwietracht, die jemals gegen mich und gegen das Licht,
wofür ich stehe, gerichtet war.

ICH BIN Reinheit in Tätigkeit. ICH BIN Gottes Reinheit, die
in meiner Seele, meinem Geist und meinem Körper besteht.
Lasst mich auch die Reinheit erbitten für jeden Teil des
Lebens auf Erden, für meine Familie, meine Freunde, die
gesamte Familie Gottes, für alle Königreiche und für Mutter
Erde. Und so sei es, geliebtes ICH BIN!
(Wiederholt die letzten beiden Strophen drei Mal).

Anrufung des rosa-goldenen Strahls

Im Namen der siegreichen göttlichen ICH BIN - Gegenwart rufe ich zu dem Herzen des geliebten Serapis Bey und der Bruderschaft der Aufstiegsflamme von Luxor, geliebter Saint Germain, geliebter Jesus/Sananda, geliebter Sanat Kumara und Lady Venus, ihr sieben mächtigen Elohim, ihr sieben geliebten Erzengel und ihr sieben Chohans der Strahlen. Ich rufe den rosa-goldenen Strahl aus dem Herzen Gottes an, um mein Vier-Körper-System und alle meine anderen feinstofflichen Körper zu entfalten und ich spreche:

Rosa-goldenes Licht aus dem Herzen Gottes
(drei Mal wiederholen),
durchströme meine Form mit deinem strahlenden
rosa-goldenen Glanz.
Erfülle mich mit dem rosa-goldenen Licht von oben.
Erfülle mich mit der rein-weißen Aufstiegsflamme.
Erhebe mich in deine ewige Herrlichkeit.
Lasse mein gesamtes bewusstes Sein und
die Welt wieder auferstehen.
Erleuchte mich und lade mich auf
mit dem Licht der kosmischen Liebe
zum Sieg meines Aufstiegs und zum Sieg
meiner ewigen Freiheit im Licht.
So wie ich dies für mich selbst und für die Erde erbitte,

so erbitte ich dies auch
für jeden Mann, jede Frau und jedes Kind
auf diesem Planeten.
Und so sei es, geliebtes ICH BIN!
(Wiederholt die letzten zwölf Zeilen drei Mal).

Anrufung des kosmischen Aufstiegslichtes

Geliebte glorreiche ICH BIN - Gegenwart, Licht meiner Seele, möge das Licht des kosmischen Aufstiegs und der göttlichen Liebe sich in meine Seele ergießen und auf die Erde, so wie das Licht von tausend Sonnen, das die Erde durchdringt und ihre Menschen und ihre vielen Königreiche damit durchströmt.

Möge alle Negativität, Illusion und Karma durch dieses kosmische Aufstiegslicht Gottes, das niemals versiegt, verwandelt werden. Möge das große Goldene Zeitalter der Erleuchtung, der Liebe, des Friedens, der Bruderschaft und des Wohlstands für alle nun auf unserem geliebten Planeten erschaffen werden durch dieses große Aufstiegslicht! Durch die Autorität meiner geliebten ICH BIN - Gegenwart, dem Licht des Vater/Mutter-Gottes und durch die Autorität des gesamten Geistes der Großen Weißen Bruderschaft bekräftige ich:

Als ein Sohn Gottes erkläre ich nun, dass ICH eine Autorität auf Erden BIN. ICH rufe das Licht von tausend Sonnen, das nun auf diesem geliebten Planeten freigesetzt werden möge für die sofortige Transformation der Erde in einen „strahlenden Stern", gemäß ihrer Bestimmung, und für die Anhebung der Menschheit in ihre ewige Freiheit in den Reichen des Lichtes und der göttlichen Perfektion. Ich bitte darum, dass das Licht, das benötigt wird, um das Königreich Gottes auf Erden zu manifestieren, so wie es im Himmel ist, nun freigesetzt werde ohne Beschränkungen, bis alles in das Licht und in die Freiheit aufgestiegen ist. Und so sei es, geliebtes ICH BIN!

(Wiederholt dieses Gebet drei Mal oder so oft, wie ihr es für richtig empfindet. Ihr erschafft jedes Mal, wenn ihr dieses und alle anderen Gebete wiederholt, einen immer größeren Licht-Impuls).

Versiegelung der Erde mit dem Aufstiegsfeuer

Geliebte mächtige glorreiche Gegenwart Gottes meines Seins, ICH BIN, und aller Menschheit, geliebte Legionen der Aufstiegsflamme, Engel der Reinheit und des Sieges, Bruderschaft des Aufstiegsfeuers von Luxor und Telos, und der gesamte Geist der Großen Weißen Bruderschaft, ich bekräftige:

VERSIEGELT, VERSIEGELT, VERSIEGELT unsere liebe Erde, ihre Atmosphäre, all ihre Regierungen, ihre Menschen und ihre vielen Königreiche mit der unendlichen mächtigen Aufstiegsflamme und durchlodert sie vollständig! Lasst die feurige Essenz der Aufstiegsflamme jeden Mann, jede Frau und jedes Kind auf diesem Planeten, jedes Tier, jeden Berg, jeden Ozean, jeden Fluss und jeden See, jeden Baum, jeden Grashalm, jede Blume durchdringen und durchströmen und hebt alles Leben auf der Erde aus der menschlichen Negativität heraus in die glorreiche Schwingung des Christus-Lichtes und die Perfektion des Aufstiegs!

Haltet diese Schwingung für immer aufrecht! Lasst die Aufstiegsflamme und das Feuer der göttlichen Liebe in jedes Teilchen des Lebens auf diesem Planeten und seiner Evolution fließen. Erlaubt uns allen, in das Haus unseres Vater/Mutter-Gottes zurückzukehren, woher wir kamen, um für immer im ewigen Sieg des erfüllten göttlichen Planes Gottes verbleiben zu können! Ich danke dafür, dass dies geschieht, denn ich habe diese Bitte im heiligsten Namen Gottes ICH BIN gesprochen! Und so sei es, geliebtes ICH BIN! *(Wiederholt die letzten beiden Strophen drei Mal).*

Durchdringung der Erde
mit der strahlenden Aufstiegsflamme

Im Namen der siegreichen Gegenwart Gottes ICH BIN, rufe ich zu den Meistern des Lichtes des gesamten Geistes der Großen Weißen Bruderschaft, der geliebten Göttin der Reinheit, geliebter Serapis Bey und die Bruderschaft der Aufstiegsflamme in Luxor und Telos, geliebte Königin des Lichtes und geliebte Engel der strahlenden Aufstiegsflamme.

Durchdringt jedes Teilchen des Lebens auf Erden mit dem Violetten Feuer und der Aufstiegsflamme. Reinigt, erleuchtet und erhöht das Bewusstsein allen Lebens und aller Königreiche, die sich hier weiterentwickeln. Lasst eure Flamme lodern, leuchten und sich ausdehnen wie das Licht von tausend Sonnen. Reinigt unseren Geist, unsere Erinnerungen und Gefühle von allen Blockaden und aller Negativität. Reinigt unsere Körper von allen Krankheiten und aller Schwäche. Flutet unsere Welt mit den reinen schneeweißen Strahlen der Reinheit der Aufstiegsflamme! Durchdringt und reinigt so lange, bis wir kristallklar werden und wir alles, womit wir in Berührung kommen, mit dem strahlenden Licht der Aufstiegsflamme transformieren.

Durchleuchtet uns mit der strahlenden Aufstiegsflamme
(Drei Mal wiederholen).
Durchdringt die Erde mit der Violetten Flamme.
Durchdringt die Erde mit den Flammen des Aufstiegsfeuers.
Befreit uns, damit wir mit euch
in den Reichen der ewigen Freiheit
und der unendlichen Perfektion nun
und für immer sein mögen.
Und so sei es, geliebtes ICH BIN!
(Wiederholt die letzten sechs Zeilen drei oder sechs Mal).

Gebete und Anrufungen des fünften Strahls
Die smaragdgrüne Flamme der Heilung

Anrufung der Flamme der Heilung

Geliebte ICH BIN - Gegenwart, geliebte Engel der Flamme der Heilung, geliebte Mutter Maria und Erzengel Raphael, geliebter Hilarion und alle Wesen des Lichtes, die auf dem Strahl der Heilung dienen.

Ich trete nun vor eure Flamme, um in Gottes Namen um Heilung zu bitten.
Ich stehe hier mit meiner göttlichen Präsenz, um befreit und geheilt zu werden von aller physischen Last durch euer heilendes Licht und eure heilende Liebe. Ich bitte auch darum, dass alle ätherischen Wunden, mentalen und emotionalen Traumata aus diesem und aus vorherigen Leben geheilt werden.

Flamme der Heilung aus reinstem Grün,
segne meine Form und mache mich ganz!
Erfülle meine Seele mit Trost
und gib Erleuchtung meinem Geist.
ICH BIN göttliche Vollkommenheit,

manifestiert in Körper, Geist und Seele.
ICH BIN Gottes strömendes, heilendes Licht,
das mich vervollständigt.
ICH BIN die Meister-Gegenwart,
die alle meine Körper mit Liebe auflädt.
Geliebte göttliche Gegenwart,
so wie ich mein Bewusstsein transformiere,
möge sich die himmlische Vollkommenheit in meinem
täglichen Leben manifestieren.
Sende deinen Strahl der Heilung zu meiner Seele!

ICH BIN die Christus-Gegenwart, die mich auflädt
mit eurem strahlenden Licht der Heilung, bis ich zur
vollkommenen Manifestation dieses Lichtes werde.
Geliebtes ICH BIN! Geliebtes ICH BIN! Geliebtes ICH BIN!

Heilung durch die Befreiung von negativen Energien

Ich bin ein Meister göttlichen Ausdrucks. Ich lasse nun alle Trennung und Begrenzungen los, die meinem Weg ins Licht nicht mehr dienen. Ich lasse alle Armutsgelübde und Begrenzungsgelübde los, die ich jemals in dieser und in vergangenen Inkarnationen abgelegt habe. Ich lasse alle Prägungen, Implantate, negativen Gedankenformen, schwarz-magischen Banne und Flüche, negativen Muster des menschlichen Egos, Krankheits- und Leidensmuster und alle Energien, die meinem Weg ins Licht nicht mehr länger dienen los.

Durch göttliche Gnade und mit voller Absicht wähle ich nun, alle Energien der Trennung, Begrenzungen und alle Blockaden loszulassen und gebe sie zurück ins Universum. Ich bitte darum, dass diese Energien gereinigt und transfomiert werden in die höchste Form des Lichts.

Ich bitte um die Unterstützung der Engelreiche, von Meister Hilarion, Mutter Maria, Erzengel Raphael, meiner Monade und allen Aufgestiegenen Meistern, aus meinem Sein und der Welt alle Energiefrequenzen freizusetzen, die geringer sind als meine göttliche Blaupause der Vollkommenheit und um meinen ewigen Sieg im Licht durch meinen Aufstieg. Und so sei es, geliebtes ICH BIN!

Gebet zur Anrufung von Wundern

Beansprucht ein Wunder der Heilung in eurem Leben!

Im Namen des göttlichen Lichtes, das niemals versiegt,
ich akzeptiere heute das Wunder der Heilung in meinem
Leben.
Ich beanspruche ein Wunder auf jeder Ebene meines Seins.
Ich beanspruche ein Wunder der Liebe für meine
vollständige Auferstehung.
Geliebter Vater/Mutter-Gott,
möge dein wunderbares Licht jetzt leuchten.
Durchströme jetzt die Erde mit deinem Wunder des Lichtes.
Ich bitte um ein Wunder der Heilung eines Aufgestiegenen
Meisters
in meinem Herzen, in meinen Chakren und in meiner DNA.
Lasse das wunderbare Licht der sieben Strahlen leuchten.
Lasse das wunderbare Licht des Heiligen Geistes
überall dort in meinem Sein leuchten, wo Heilung nötig ist.
Ich erkläre, dass ich heute ein Wunder Gottes bin.
ICH BIN ein Wunder in Tätigkeit, das sich manifestiert.
ICH BIN ein strahlendes wunderbares Licht der Großen
Zentralsonne,
das mich wieder zu meiner wahren Identität in Gott führt.
Lasse die Wunder des Lichts in mir leuchten.
Geliebtes ICH BIN, Geliebtes ICH BIN, Geliebtes ICH BIN!

(Wiederholt dies drei, sechs oder neun Mal).

Heilung durch die Auferstehungsflamme

Im Namen der Gegenwart Gottes, "ICH BIN", rufe ich euch, geliebter Jesus, geliebte Mutter Maria und Erzengel Raphael, Engel des Heilungsstrahles und alle aufgestiegenen Wesen, die dem Strahl der Heilung dienen.

Ich bitte euch darum, eure wiederbelebende Flamme der Heilung stündlich auf meinen Geist und meine Gefühle zu richten, auf jedes Organ, jede Drüse und auf jeden Bereich meines Körpers, in dem sich ein Ungleichgewicht manifestiert. Ich bitte um die Kraft eures heilenden Lichtes und das Feuer der Auferstehungsflamme, um meinen Körper stets in vollkommener Gesundheit zu halten und ein wirkungsvolles Instrument Gottes auf Erden im Dienste meiner Monade und der Aufgestiegenen Meister zu sein. Ich bitte darum für mich und für alle Männer, Frauen und Kinder auf diesem Planeten. Möge die Auferstehungsflamme meine ursprüngliche Blaupause göttlicher Vollkommenheit wieder herstellen. Und so sei es, geliebtes ICH BIN!

Invokation für perfekte Gesundheit

Im Namen meiner geliebten ICH BIN - Gegenwart,
ich preise, danke und verherrliche die Quelle
meines Seins für meine fortwährende perfekte Gesundheit.
Ich bin strahlende Gesundheit,
stets zunehmende Gesundheit.
Gott verzehrt meine Ängste und mein Ungleichgewicht
und verwandelt es in Liebe und strahlende Perfektion.

Heute bin ich ein Fokus von Lichtenergie,
die durch mich hindurchfließt wie ein mächtiger Fluss.
Eine lebende Fontäne ewiger Jugend und Schönheit,
ICH BIN eine Manifestation perfekter Gesundheit.
Alle Negativität in mir ist nun aufgelöst
durch die reine Lichtenergie, die ICH BIN.

ICH BIN, ICH BIN, ICH BIN die Manifestation
optimaler Gesundheit.
Ich lebe, ich lebe in dem Bewusstsein
von Unsterblichkeit, Jugend und göttlicher Schönheit.
ICH BIN perfekte Gesundheit in ihrem
vollkommenen Ausdruck.
ICH BIN reine Licht- und Heilenergie,
die jede Zelle, jedes Atom und jedes
Elektron meines Körpers durchströmt,
mich segnet, mich stärkt und
mich zu einem leuchtenden Beispiel der göttlichen Liebe macht.

Anrufung für den Sieg über äußere Umstände

Im Namen der Liebe, Weisheit und Kraft, durch die Autorität und den Sieg meiner eigenen geliebten ICH BIN - Gegenwart, bitte ich um das heilige Feuer der unbesiegbaren Liebe und der heilenden Flammen meiner geliebten ICH BIN - Gegenwart und der Aufgestiegenen Meister des Lichts, und befehle jeder Zelle, jedem Atom und jedem Elektron meines physischen Körpers darin zu erstrahlen.

Ich bitte um das Inkrafttreten des Gesetzes der Vergebung für alle meine Übertretungen des Gesetzes der Liebe in meinem täglichen Leben und in meiner Vergangenheit. Ich gebiete den unbesiegbaren Flammen der Reinheit, des Schutzes, der Auferstehung und der Heilung durch meinen physischen Körper, meinen Emotionalkörper, meinen Mentalkörper und meinen Ätherkörper, mein inneres Kind und meine Körperelementale, täglich und stündlich hindurchzuströmen. Im Namen der Liebe, ich gebiete die Manifestation meiner vollkommenen Meisterschaft und meines vollkommenen Sieges über alle äußeren Umstände in meinem Leben. Ich erbitte auch die Offenbarung und die Wiedererlangung all meiner spirituellen Gaben. Und so sei es, geliebtes ICH BIN!

Ich rufe das Gesetz der Vergebung für meine Fehler aus der Vergangenheit an. Ich bitte alle Seelen um Vergebung, die ich jemals auf irgendeine Weise oder in irgendeiner Form in diesem oder in einem früheren Leben verletzt habe. Ich vergebe ebenfalls allen Seelen, die mich jemals verletzt haben. Ich rufe die ewige Flamme der kosmischen Liebe an, diese Energien aufzunehmen, um sie mit den Feuern der Violetten Flamme und der Aufstiegsflamme zu durchdringen. Ich danke für diese Heilung. Geliebtes ICH BIN! Geliebtes ICH BIN! Geliebtes ICH BIN!

Gebet um Versorgung und Fülle
(Eine Aktivität des fünften Strahls)

Ich nehme nun meine Fülle an

Im Namen meiner geliebten ICH BIN - Gegenwart und meines geliebten heiligen Christus-Selbst, ich rufe die Herren der Manifestation, die Engel des Wohlstands, Fortuna, die Göttin der Versorgung und den Herrn des Goldes an, um mich nun bei der Meisterung aller äußeren Umstände meines Lebens auf Gottes perfekte Art und Weise, einschließlich meiner wahren Fülle, zu unterstützen.

Tretet jetzt ein in mein Leben und lasst mir heute alle Segnungen zuteil werden, die ich empfangen kann. Durchströmt mich mit der Weisheit und der Reinheit der Aufgestiegenen Meister, damit ich niemals wieder Mangel oder Begrenzung erfahren möge. Durchstrahlt meine vier Körpersysteme mit eurer Herzensflamme und breitet einen großen unbegrenzten Strom göttlicher Fülle in mir aus. Erfüllt mich mit der Violetten Flamme und dem smaragdgrünen Heilungslicht, um mein Leben in perfekter Balance und Harmonie zu halten.

Ich bitte um Gottes unbesiegbaren Schutz und seine Weisheit bei allen meinen finanziellen Angelegenheiten. Ich bitte darum, ein magnetischer Anziehungspunkt zu werden, der allen Wohlstand zu sich heranzieht, den ich benötige, um meinen göttlichen Plan auf Erden zu erfüllen, um meinen Aufstieg zu erlangen und meine Mitmenschen dabei zu unterstützen, dies auch zu tun. Ich danke dafür, dass es gemäß Gottes Willen so geschieht. Ich nehme meine Fülle nun voller Liebe und Dankbarkeit an. Und so sei es, geliebtes ICH BIN!

Dankbarkeit ist der Schlüssel, um größere Fülle zu sich heranzuziehen. Seid immer dankbar für alles, was ihr empfangt. Schätzt die wunderbare Unterstützung, die wir nun aus den Lichtreichen erhalten. Möget ihr der siegreiche Gott sein bei allem, was ihr tut!

Dekret zur Versorgung

Geliebte mächtige siegreiche ICH BIN - Gegenwart, geliebte Herren der Manifestation, ich rufe den Geist der Großen Weißen Bruderschaft und bitte um eure Unterstützung bei der Versorgung mit allem, was ich benötige, um meine Bestimmung hier auf Erden mit Leichtigkeit und Gnade und ohne finanzielle Beschränkungen zu erfüllen.

Gebt eure grenzenlose Versorgung mit Geld frei, gebt sie frei und auch alle perfekten Geschenke in mein Leben und in die Leben derer, die dem Licht des allmächtigen Gottes dienen und den göttlichen Plan auf Erden erfüllen *(drei Mal wiederholen)*.

ICH BIN die Auferstehung und das Leben meiner stets gegenwärtigen und zunehmenden Versorgung aus dem Herzen Gottes. Ich nehme meine ICH BIN - Gegenwart als die Quelle grenzenlosen Versorgung an, die durch mich im Dienst für das Licht strömt. ICH BIN die Meister-Gegenwart, die einen fortwährenden Fluss an Wohlstand in meinem Leben manifestiert, um die Perfektion herzustellen, die nötig ist, um meinen göttlichen Plan auf Erden in diesem Leben zu manifestieren.

ICH BIN die Meister-Gegenwart, die große Fülle in mein Leben lenkt und manifestiert, gemeinsamn mit all dem Geld aus dem großen Vorratsspeicher des Himmels, das ich jemals benötige. Ich danke und preise Gott, dass mir all dies nun zur Verfügung steht und dass meine Gebete unmittelbar erhört werden, sobald ich sie spreche. Und so sei es, geliebtes ICH BIN!

Achtet immer darauf, euch so lange und konstant auf die Manifestationen eurer Bitten zu fokussieren, bis ihr erhaltet, was ihr möchtet oder benötigt. Seid achtsam, dass ihr euch nicht auf den Mangel dessen, was ihr braucht oder möchtet, fokussiert. Ihr könnt alles Erwünschte durch das Gesetz der Anziehung bekommen. Ihr könnt ebenso alles bekommen, was ihr nicht möchtet, wenn ihr euch darauf fokussiert.

Die geöffnete Tür zur Versorgung

ICH BIN die offene Tür, die niemand schließen kann, zu der großen Schatzkammer meiner geliebten ICH BIN - Gegenwart und der grenzenlosen Versorgung der Aufgestiegenen Meister mit allen Dingen und perfekten Geschenken, die sich nun in meinem Leben manifestieren. Ich nehme meine große ICH BIN - Gegenwart als „die Tür zu allem" an und erwarte grenzenlose Versorgung und Fülle, da ich nun mein Bewusstsein mit dem Gesetz der Anziehung und der göttlichen Fülle in Einklang bringe. Ich bitte jetzt um……… (*nennt eure Bitte*), dass dies sich nun gemäß meinem göttlichen Lebensplan in meinem Leben manifestieren möge. Ich danke dafür, dass alle meine Bedürfnisse fortwährend gestillt werden. Und so sei es, geliebtes ICH BIN!

Fülle als dein Geburtsrecht

Geliebte ICH BIN - Gegenwart, geliebte Helios und Vesta von der Sonne, geliebter Saint Germain, geliebte Fortuna, Göttin der Versorgung, geliebte Herren der Manifestation.

Ladet mein Kraftfeld und mein Leben mit der goldenen Flamme der Sonnenlichtenergie von der Großen Zentralsonne auf. Legt heute die vollkommene kosmische Fülle von allem und das perfekte Geschenk aus meiner eigenen ICH BIN - Gegenwart, das für mich bestimmt ist, in meine Hände und mein Leben. Als ein Kind Gottes auf diesem Planeten beanspruche ich diese Freisetzung der Fülle als mein Geburtsrecht in Gott.

Befreit mich nun und für immer von jeglichem Mangel und finanzieller Einschränkung durch die Kraft des goldenen Lichtes der Manifestation und des Lichtes Gottes, das niemals versiegt. Durch deine Gnade möge sich diese Bitte nun gemäß des heiligen Willens Gottes in meinem Leben manifestieren. Und so sei es, geliebtes ICH BIN!

Die Zeit ist nun gekommen!

Die Zeit ist nun gekommen,
das Licht meiner Göttlichkeit hervorzubringen.

Ich öffne mich nun dem Fluss der Liebe,
der in meinem Herzen ist.
Die Liebe möge endlos fließen!

Ich öffne mich nun dem Fluss des Lebens,
der in meinem Herzen ist.
Das Leben möge endlos fließen!

Ich öffne mich nun dem Fluss des Lichtes,
der in meinem Herzen ist.
Das Licht möge endlos fließen!

Ich öffne mich nun dem Fluss des Friedens,
der in meinem Herzen ist.
Der Friede möge endlos fließen!
Ich öffne mich nun dem Fluss der Freude,
der in meinem Herzen ist.
Die Freude möge endlos fließen!

Ich öffne mich nun dem Fluss der Fülle,
der in meinem Herzen ist.

Die Fülle möge endlos fließen,
bereit, unendliche Gnade und Geschenke
in meinem täglichen Leben hervorzubringen,
nun und für alle Zeit!

Ich öffne mich nun dem Fluss der Violetten Flamme,
die mich durch meinen Aufstieg reinigt.

Höre, oh Universum, ich bin dankbar!
(Wiederholt dies drei Mal).

Gebete und Anrufungen des sechsten Strahls
Die gold-orangefarbene Flamme
der Auferstehung

Affirmation zur Auferstehung

Sprecht drei Mal: „ICH BIN die Auferstehung und das Leben" und fügt dieser Affirmation noch das hinzu, was ihr auferstehen lassen möchtet.

Beispielsweise:

ICH BIN die Auferstehung und das Leben meiner perfekten Gesundheit.

ICH BIN die Auferstehung und das Leben meiner Finanzen.

ICH BIN die Auferstehung und das Leben der Geschenke meiner Göttlichkeit.

ICH BIN die Auferstehung und das Leben meiner kristallinen Matrix.

ICH BIN die Auferstehung und das Leben meiner DNA.

ICH BIN die Auferstehung und das Leben meiner ewigen Jugend und Schönheit.

ICH BIN die Auferstehung und das Leben meiner richtigen Arbeit.

ICH BIN die Auferstehung und das Leben meiner Herzensflamme.

ICH BIN die Auferstehung und das Leben meiner vollkommenen Vision.

ICH BIN die Auferstehung und das Leben meiner richtigen Beziehung.

Der Himmel ist die Grenze; fügt hier eure eigenen Themen hinzu und seid kreativ!

Anrufung der Auferstehungsflamme

ICH BIN die Auferstehung und das Leben
meiner ewigen Freiheit im Licht.

ICH BIN die Auferstehung und das Leben
der perfekten Blaupause meines physischen Körpers.

ICH BIN die Auferstehung und das Leben
der perfekten Blaupause meines Emotionalkörpers.

ICH BIN die Auferstehung und das Leben
der perfekten Blaupause meines Mentalkörpers.

ICH BIN die Auferstehung und das Leben
der perfekten Blaupause meines Ätherkörpers.

ICH BIN die Auferstehung und das Leben
der perfekten Blaupause meines spirituellen Körpers.

ICH BIN die Auferstehung und das Leben
der Reinheit und Liebe der Aufgestiegenen Meister.

ICH BIN die Auferstehung und das Leben
der heilenden Kräfte der heiligen Flammen.

ICH BIN die Auferstehung und das Leben meiner
unsterblichen Perfektion und der erleuchteten Liebe
des kosmischen Christus.

ICH BIN die Auferstehung und das Leben
der wunderbaren Geschenke meiner göttlichen Essenz.

Gebet des Heiligen Franziskus

Herr, mein Gott, mach mich zum Werkzeug deines Friedens.

Dass ich Liebe übe, wo man mich hasst.

Dass ich verzeihe, wo man mich beleidigt.

Dass ich verbinde, wo Streit ist.

Dass ich die Wahrheit sage, wo Irrtum herrscht.

Dass ich Glaube bringe, wo der Zweifel drückt.

Dass ich Freude bringe, wo Kummer wohnt.

Herr und Gott, hilf mir, dass ich nicht Trost erwarte,
sondern Trost spende;
dass ich verstehe und selbst nicht verstanden sein muss;
dass ich liebe, ohne selbst Liebe zu erwarten;
denn wenn wir geben, dann empfangen wir;
wenn wir verzeihen, dann wird uns vergeben;
und wenn wir sterben, werden wir in das ewige Leben
geboren.

*(Sprecht dieses Gebet jeden Tag drei Mal und wartet auf ein
Wunder der Transformation).*

Friedensaffirmationen von Erzengel Uriel und Aurora

ICH BIN der sanfte Regen des Friedens.

ICH BIN die Manifestation göttlicher Vollkommenheit.

ICH BIN der große Herzschlag der göttlichen Liebe aus der Höhe.

ICH BIN die Kraft der unendlichen Liebe und des Mitgefühls.

ICH BIN die Flamme der Liebe, die alles unterstützt.

ICH BIN die Verwirklichung der Kraft der Liebe.

ICH BIN der Ausdruck göttlicher Freiheit.

ICH BIN der unendliche Frieden und die Manifestation.

ICH BIN die Kraft der Ruhe.

ICH BIN die Kraft der großen Wellen der Liebe und des Friedens, die aller Verunreinigung durch Zwietracht und Verzweiflung ein Ende bereiten.

ICH BIN die Erneuerung der Hoffnung in den Herzen, die keine Hoffnung haben.

ICH BIN das Verstehen, wo immer auch Ohren sein mögen, die hören.

ICH BIN Mitgefühl, wo immer Herzen dies erfassen können.

ICH BIN Freiheit von den Ketten des Krieges und der Zerstörung.

ICH BIN ein Botschafter und ein Werkzeug des Friedens.

Gebete und Anrufungen des siebten Strahls
Die königliche Violette Flamme der Transformation

Der Mantel des Violetten Feuers

Aus Gott, dem Herrn meines Seins, ICH BIN das ICH BIN, rufe ich dich, geliebter Saint Germain und deine Engelslegionen der kosmischen Violetten Flamme, mein Sein zu durchströmen und mit allen Aktivitäten des heiligen Feuers anzufüllen, insbesondere der Violetten Flamme der Transformation und der Freiheit.

◎ Hülle mich ein in deinen kosmischen Mantel des Violetten Feuers der Transformation, der Heilung, der Freiheit, der Diplomatie und der Wissenschaft der wahren Alchemie.

◎ Verzehre in meinem Sein alles, was nicht die vollkommene Liebe und Harmonie widerspiegelt.

◎ Transformiere durch die Flamme der Gnade alle Fehler der Vergangenheit und Hindernisse zu meinem Aufstieg.

◎ Schütze die Jugend dieser Welt durch eine Aura der Violetten Flamme.

◎ Voller Dankbarkeit bitte ich, dass sich dies manifestieren möge in Gottes heiligem Namen. Und so sei es, geliebtes ICH BIN!

(Wiederholt die gesamte Invokation drei Mal).

Anrufung der Violetten Flamme

Im Namen des ICH BIN das ICH BIN rufe ich nun die Violette Flamme der Transformation, um sie in meinem gesamten Bewusstsein, meinem Sein und meiner Welt zu aktivieren.

> Violette Flamme aus dem Herzen Gottes *(drei Mal wiederholen)*,
> breite täglich dein Licht in mir aus *(drei Mal wiederholen)*.
> Transformiere und heile meine menschliche Unvollkommenheit und forme mich
> zu einem strahlenden Diamanten aus dem Herzen Gottes und der Vollkommenheit des Christus.

Übernimm du die Herrschaft über mein Leben, während ich mich nun deinem strahlenden Licht hingebe. Aktiviere die Flamme der Gnade des mitfühlenden Herzens. Erfülle mich mit den Wundern des Violetten Lichts, bis ich vollkommen transformiert bin.

Geliebte ICH BIN - Gegenwart, sende die Violette Flamme zur Reinigung in jede Zelle, jedes Atom, jedes Elektron meines Seins, bis ich durch das Wirken der Violetten Flamme und der Aufstiegsflamme erhoben bin zu meinem ewigen Sieg. Und so sei es, geliebtes ICH BIN!

Überflutet die Erde mit Violettem Feuer

Im Namen des großen ICH BIN rufe ich das Licht der tausend Sonnen aus der Großen Zentralsonne, die Engel des Violetten Feuers, den geliebten Saint Germain, Zadkiel und die heilige Amethyst, Omri Tas, Gebieter des Violetten Planeten.

Im Namen Gottes, ICH BIN das ICH BIN! Erfüllt die Erde und ihre gesamte Evolution mit unendlichen Wogen des Violetten Feuers. Ich bitte um die Violette Flamme der Transformation und den göttlichen Willen, dass sie auf der Erde eine sich stetig vergrößernde Spirale göttlicher Vollkommenheit manifestieren mögen, jetzt und immerdar. Ich bitte darum, dass alle Zwietracht und Aktivitäten auf Erden, die nicht das höchste Licht und Gottes heilige Ziele reflektieren, durch die Kraft der Violetten Flamme auf wunderbare Weise entfernt und transformiert werden in göttliche Liebe und Harmonie, um die ursprünglich vorgesehene Original-Blaupause der Perfektion der Erde und ihrer Menschen wieder herzustellen.

Violette Flamme! Violette Flamme! Oh Violette Flamme! Im Namen Gottes, überflute die Erde, ihre Menschen und all ihre Reiche mit Wogen des Violetten Feuers, bis alles Leben wieder in göttlicher Vollkommenheit ist. Mögen der Friede und die Liebe sich überall auf der Erde ausbreiten! Möge die Erde in der Aura der vollkommenen Liebe bleiben!

Möge die Erde in einer Aura des Friedens, der Liebe und der Freiheit bleiben! Ich danke dafür, dass dies nun geschieht, gemäß dem heiligen Willen Gottes! Und so sei es, geliebtes ICH BIN!

Gebet um Heilung durch den siebten Strahl

Im Namen meiner geliebten ICH BIN - Gegenwart, im Namen Gottes, bitte ich nun um die Violette Flamme der Transformation, des Mitgefühls und der Vergebung in mein Aurafeld, damit jede Tätigkeit, jeder Gedanke und jedes Gefühl in meinem Herzen, meinem Geist, meinem Solarplexus und in all meinen Chakren gereinigt und geläutert werde. Ich bitte um das Violette Feuer, auf dass es jede Zelle, jedes Atom und jedes Elektron meines Vier-Körper-Systems durchströme, jetzt und allezeit, jeden Tag meines Lebens, 24 Stunden am Tag, 7 Tage in der Woche.

Ich bitte um Heilung jeglicher Verzerrungen in meinem Energiefeld aus der Vergangenheit und aus gegenwärtigen Missverständnissen. Ich bitte die Energien der Violetten Flamme darum, jegliches Ungleichgewicht in meinem physischen, emotionalen und mentalen Körper zu heilen. Voll tiefer Dankbarkeit bitte ich nun um das Violette Feuer, dass es sich in meinen Energiefeldern in voller Kraft manifestieren möge. Und so sei es, geliebtes ICH BIN!

Anrufung um ein Aurafeld der Heilung mit der Violetten Flamme

Im Namen der ICH BIN - Gegenwart in mir, rufe ich den geliebten Saint Germain, den Hüter der Violetten Flamme, damit er die Welt mit Wellen des Violetten Feuers erfülle, um jeden Partikel des Lebens, jeden Mann, jede Frau und jedes Kind auf diesem Planeten in ein aurisches Feld der Violetten Flamme einzuhüllen, um sie zu schützen und zu erwecken. Ich bitte darum, dass dieser Vorgang aufrechterhalten werde, so lange bis die Perfektion wieder hergestellt ist. Und so sei es.

Im Namen des ICH BIN das ICH BIN, aus Gott dem Herrn meines Seins, bitte ich nun darum, dass jede Zelle, jedes Atom und jedes Elektron meines Vier-Körper-Systems, alle meine feinstofflichen Körper, alles Leben, das ich in allen Dimensionen und Bewusstseinszuständen bin, vollkommen erfüllt sein möge von den Wundern der Energien der Violetten Flamme der Freiheit und Liebe. Ich bitte nun darum, stets davon erfüllt zu werden, 24 Stunden am Tag, jeden Tag meines Lebens. Und so sei es, geliebtes ICH BIN! **(Atmet dies ein).**

Gebet um Durchdringung mit der Violetten Flamme

ICH BIN die lodernde Violette Flamme, die jetzt durch mich hindurchströmt.

ICH BIN die Violette Flamme, die jedes meiner Chakren erfüllt.

ICH BIN die Violette Flamme, die jeden Strang meiner DNA aktiviert.

ICH BIN die Violette Flamme, die alle menschliche Unvollkommenheit beseitigt.

ICH BIN die Violette Flamme, die sich mit der Liebe Mutter/Vater-Gottes entfaltet.

ICH BIN die Violette Flamme, die dem Weg zu meinem glorreichen Aufstieg in das Licht folgt!

Violette Flamme, Oh Violette Flamme, mögest du den gesamten Planeten und die ganze Menschheit durchfluten mit dem Aurafeld deines Lichtes und alles befreien und transformieren, das geringer ist als göttliche Vollkommenheit! Und so sei es, geliebtes ICH BIN!

Über Aurelia Louise Jones

Aurelia Louise Jones wurde in Montreal als Tochter einer französisch-kanadischen Familie in den frühen 40-er Jahren geboren. Zu Beginn ihrer beruflichen Laufbahn erlernte sie den Beruf der Krankenschwester und arbeitete als Gesundheitsberaterin, als Naturheilkundlerin und Homöopathin, die unterschiedliche holistische Behandlungsmethoden einsetzte. Im Jahr 1989 zog sie in die USA.

Unter der Führung der Bruderschaft des Lichtes und des Ordens des Melchizedek wurde sie 1998 als Minister ordiniert. Seit damals hat sie den größten Teil ihrer Zeit dem Amt als spirituelle Ministerin gewidmet. In ihrer Rolle als spirituelle Lehrerin des höheren Bewusstseins lag ihr Hauptfokus darin, das Bewusstsein der Menschheit für die spirituellen Wahrheiten, die zum Aufstieg führen, zu erwecken.

Im Jahre 1997, während sie in Montana lebte, erhielt sie direkte Anweisung von Adama und dem lemurianischen Rat des Lichtes von Telos als Vorbereitung für die Erfüllung ihrer Arbeit mit ihnen nach Mount Shasta umzuziehen. Dies wurde zur Hauptaufgabe ihres Lebens. Ein Jahr später, im Juni 1998, zog sie nach Mount Shasta.

Sie ist die Gründerin des Mount Shasta Light Publishing - Verlages und dem lemurianischen Verbindungsnetzwerk. Auf Anfrage von Lady Kwan Yin channelte Aurelia Louise Jones durch ihre Katze Angelo eine berührende Botschaft aus dem Königreich der Tiere, nun erhältlich in Buchform, mit dem Titel *Angelos Message to the World*. Angelo ist ihre Lieblingskatze, die inkarnierte, um mit ihr zusammen zu leben, um ihre Botschaft im Auftrag des Königreiches der Tiere zu übermitteln.

Sie veröffentlichte die Reihe der Telos-Bücher, Band 1, 2 & 3 *(erhältlich im Lippert-Verlag)* und brachte damit die lemurianischen Lehren zu den Menschen der Oberfläche. Die Reihe der Telos-Veröffentlichungen ist in vielen Ländern und in einigen Sprachen erhältlich.

Diese Bücher beinhalten wichtige Werkzeuge für das Verständnis unserer Zukunft auf dem Planeten, wie das Leben wirklich zu leben ist, und wie wir uns und die gegenwärtige Realität in eine Welt aus Liebe und Licht verändern können.

Aurelia Louise Jones channelt Adama, den Hohepriester der lemurianischen Stadt Telos sowie andere Meister des Lichtes als Teil ihrer Mission. Sie hält von Zeit zu Zeit lemurianische Zusammenkünfte ab und organisiert Einweihungsreisen im Mount Shasta Gebiet im Sommer. Weiterhin veranstaltet sie Konferenzen und Workshops in verschiedenen Ländern der Erde.

Anmerkung von Aurelia Louise Jones

Bitte nehmt zur Kenntnis, dass ich jeden Tag eine große Anzahl E-Mails aus vielen Ländern erhalte. Es ist für mich unmöglich geworden, selbst einen kleinen Prozentsatz dieser Post zu beantworten und gleichzeitig in der Lage zu bleiben, die für die Ausweitung der Mission und für meine persönlichen Belange notwendige Arbeit zu tun. Ich lese eure Briefe und würde gerne eure herzlichen Schreiben beantworten, aber das ist nicht machbar. Ich bitte um euer Verständnis und euer Mitgefühl. Mögen Frieden und Liebe mit euch sein.

Die Telos Weltstiftung

Mission

Wir sind eine nicht profitorientierte Organisation, die sich der Expansion der Information und der Lehren von Telos und der Vorbereitung auf das letztendliche Hervortreten unserer lemurianischen Brüder und Schwestern auf der Erdoberfläche widmet.

Ziele

Die Ziele der Stiftung sind folgende:
- Die Ausdehnung der lemurianischen Mission in Kanada und weltweit.

- Unterstützung der Schriften und Arbeit von Telos.
- Assistenz für andere Gruppen, besonders für internationale Gruppen, um Strukturen bereitzustellen und die Lehren von Telos zu fördern.
- Assistenz bei der Einrichtung von lemurianischen Websites in anderen Sprachen.
- Aufbau eines Zentrums zur Unterrichtung und Brüderlichkeit. - Bereitstellung von benötigtem Kapital, um unsere Ziele zu erreichen.

Adresse: Telos World-Wide Foundation, Inc. Center 7400, 7400 St. Laurent, Office 226, Montreal, QU - H2R 2Y1 - CANANDA Tel: (001 International) 1-514-940-7746

E-Mail:
info@fondationtelosintl.com
info@telosmondiale.com
fondation@lemurianconnection.com

Web Sites:
www.fondationtelosintl.com
www. telosmondiale.com/index.php

Telos Deutschland:
www.lemurian-connection.de

Telos Frankreich:
Gaston Tempelmann, president
www.telos-france.com

Die TELOS Bücher 1-3 und das CD Set

Telos handelt vom Leben im Neuen Lemuria, vom Leben der Menschen in Telos, ihren Beziehungen, Ehen und Kindern, den Tempeln und Portalen, den Einwohnern der Inneren Erde und den anderen Städten des Agartha-Netzwerkes, von den Zugangsbedingungen für Telos, dem Erscheinen der Telos-Bewohner auf der Erdoberfläche, um die "große Begegnung", die Wiedervereinigung mit den Menschen vorzubereiten.

Telos Bücher und CD Set

Buch 1: 272 S. EUR 21,90/CHF 36,80 ISBN 978-3-933470-19-5
Buch 2: 292 S. EUR 22,90/CHF 39,80 ISBN 978-3-933470-16-4
Buch 3: 352 S. EUR 24,90/CHF 43,90 ISBN 978-3-933470-15-7
Telos 2 CD Set (mit allen Meditationen aus den Büchern 1-3)
EUR 29,90/CHF 49,90, ISBN 978-3-933470-17-1

Inhalt Telos CD Set:

CD 1 enthält folgende Meditationen:
1.) Zum Großen Jadetempel 15:19 2.) Die Reise zum Tempel des göttlichen Willens in Telos 20:45 3.) Die Reise zum Tempel der Violetten Flamme in Telos 18:39 4.) Die Reise zum Tempel der Erleuchtung 23:01

CD 2 enthält folgende Meditationen:
1.) Anrufung der Goldenen Flamme der Erleuchtung 3:58 2.) Reise zum Tempel der kristallrosafarbenen Flamme der Liebe 21:25 3.) Reise in den Aufstiegstempel von Telos 15:46 4.) Reise in den Tempel der Auferstehung in der fünften Dimension 21:34

Lippert-Verlag, Hartgass 9
D-88639 Wald
Tel. 07578-2229, Fax -/933194
service@lippert-verlag.de

3 CD-Set - Dr. Stone   *Preis Set EUR 59,90/CHF 99,90*

In Deutsch gesprochen von R. Lippert   Einzeln EUR 21,90/CHF 35,90

1 CD Aufstieg ISBN 978-3-470-39-3
1. Die große Aufstiegsmeditation 48:00
2. Die 50 Punkte umfassende kosmische Reinigungsmeditation 21:00

2 CD In der Goldenen Kammer von Melchizedek ISBN 978-3-470-38-6
1. In der Goldenen Kammer von Melchizedek 30:00
2. Aktivierung der Göttlichen Mutter und der Meisterinnen 37:00

3 CD Aufstiegsaktivierungen ISBN 978-3-470-37-9
1. Aufstiegsaktivierungen 17:00
2. Aufstiegsplatz Gottes 21:00
3. Verankerung der kosmischen Strahlen 23:00
4. Anrufung der Heilengel 10:00

....

CD Mahatma ISBN 978-3-933470-47-8 EUR 19,90/CHF 32,90

Die Mahatma-Energie ist die zur Zeit wichtigste und höchste Energie, die wir auf der Erde erfahren können. Sie führt uns die 352 Ebenen des göttlichen Bewusstseins hindurch direkt zur Urqelle. Das Besondere ist: Wir können die Mahatma Energie bitten, uns bei speziellen persönlichen Problemen zu helfen. Wir können zudem darum bitten, dass sie unseren Körper und unser Wesen heilt. Dauer 57:07.

CD Saint Germain ISBN 978-3-933470-50-8 EUR 19,90/CHF 32,90

1.) Einführung 2.) Reinigungsmeditation Violette Flamme 3.-9.) Anrufung Nr. 1-7 10.) Meditation Dreifaltige Flamme 11.) Anrufung ICH BIN Gegenwart 12.) Übung ICH BIN Kraft 13.) Anrufung der göttlichen Liebe 14.) Entfaltung der göttlichen Liebe 15.) Affirmation 16.) Schutzmantel Meditation. Gesamtspieldauer 79:35.

....

Neue Trilogie geführte Meditations CDs
Paketangebot 3 CDs im Set für EUR 54,90/CHF 89,90
Einzeln je EUR 19,90/CHF 32,90

Inhalt CD ICH BIN:
1.) Einführung 1:57 2.) ICH BIN ICH 14:12 3.) ICH BIN Gebete 9:11 4.) Bannkreis 21:59 5.) Affirmationen 12:58
Sprecher und Autor: Rudolf Lippert

Inhalt CD Metatron:
1.) Einführung 2:12 2.) Anrufung Metatron 1:26 3.) Gebet Metatrons - Das permanente Bewusstsein 18:39 4.) Heilung & Wunscherfüllung 21:38 5.) Verschmelzen mit dem Licht 8:58
Sprecher und Autor: Rudolf Lippert

Inhalt CD Maria:
1.) Einleitung 1:29 2.) Herzensverbindung, Schutz und Begleitung 8:53 3.) Hingabe 11:05 4.) Transformation und Heilung 19:25 5.) Kurzübung - Einstimmung auf den Kontakt mit Mutter Maria 2:06 6.) Göttliche Kraft in dir 15:27
Sprecherin und Autorin: Renate Lippert

....

Die Arcturianer - 4 Bände von David K. Miller,

Band 1: Verbindung mit den Arcturianern
266S. , broschur EUR 21,90/CHF 40,80 ISBN 978-3-933470-21-8

Band 2: Die Lehren vom Heiligen Dreieck Buch 1
Buch incl. CD
266S., broschur, EUR 27,90/CHF 51,80 ISBN 978-3-933470-22-5

Band 3: Die Lehren vom Heiligen Dreieck Buch 2
272 S., br., Vierfarbtafeln, EUR 22,90/CHF 41,80, ISBN 978-3-933470-24-2

Band 4: Die Lehren vom Heiligen Dreieck Buch 3
296 S., br., EUR 22,90/CHF 41,80, ISBN 978-3-933470-25-6

....

Renate Lippert - Das Geheimnis der Bejahungen
- Ein täglicher Begleiter für das spirituelle Wachstum
96S., broschur, EUR 12,90/CHF 21,90 ISBN 3-933470-12-9

Eine umfassende Auflistung sehr wirkungsvoller Bejahungen für die verschiedenen Bereiche des Lebens wie Gesundheit, Erfolg, Wohlstand, Glück, spirituelles Wachstum etc. lässt dieses Buch zu einem unverzichtbaren täglichen Begleiter werden.

....

Kiara Windrider - Das Portal zur Ewigkeit
Brosch. 400S., 13farbig, ISBN 3-933470-20-X EUR 24,90/CHF 49,90

"...Das Portal zur Ewigkeit ist genau das, was der Titel verspricht und bringt den Leser punktgenau in das Herz, die Gedanken und den Geist dessen, was IN EWIGKEIT EXISTIERT. Eine der intensivsten Beschreibungen einer Reise durch die großen Mysterien des Lebens, gleichzeitig jedoch auch eine der liebevollsten und sanftesten. Ein Muss für alle, welche die wahre Natur der Realität, des Aufstiegs, des Wachstums und des Seins erforschen wollen." *Rev. Janna S. Parker, Channel für Quan Yin.*

Dr. Joshua David Stone: Kosmischer Aufstieg
- Dein kosmischer Wegweiser nach Hause.

416 S. geb., EUR 29,90/CHF 54,80 ISBN 978-3-933470-74-4

Nahezu alle Bücher zum Thema Aufstieg befassen sich mit dem planetaren Aufstieg, doch durch die momentanen außergewöhnlichen Zeiten entstand auch die Möglichkeit, mit dem kosmischen Aufstiegsprozess zu beginnen. Den planetaren Aufstieg erlangen wir mit Vollendung der 7. Einweihung. Beim kosmischen Aufstieg kehren wir die 352 Ebenen zu Gott zurück. Jede Einweihung bedeutet eine Erweiterung des Bewusstseins und eine Zunahme der Frequenz und des Lichts. Dabei sind alle Schritte von Bedeutung. Jede Ebene gilt es zu stabilisieren, sie zu erhöhen und auf ihr zu dienen, bis wir auf die nächste Ebene gelangen können.